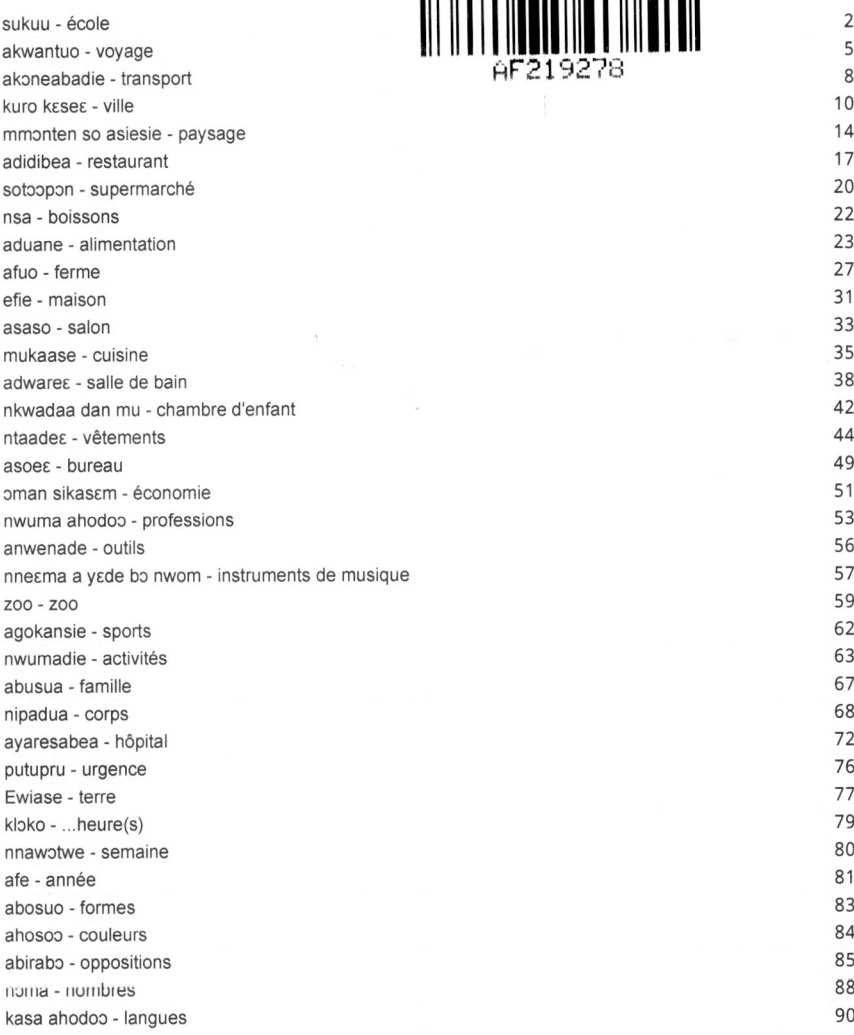

Impressum
Verlag: BABADADA GmbH, Nedderfeld 112 , 22529 Hamburg
Geschäftsführer / Verlagsleitung: Harald Hof
Druck: Books on Demand GmbH, In de Tarpen 42, 22848 Norderstedt

Imprint
Publisher: BABADADA GmbH, Nedderfeld 112 , 22529 Hamburg, Germany
Managing Director / Publishing direction: Harald Hof
Print: Books on Demand GmbH, In de Tarpen 42, 22848 Norderstedt

sukuu
école

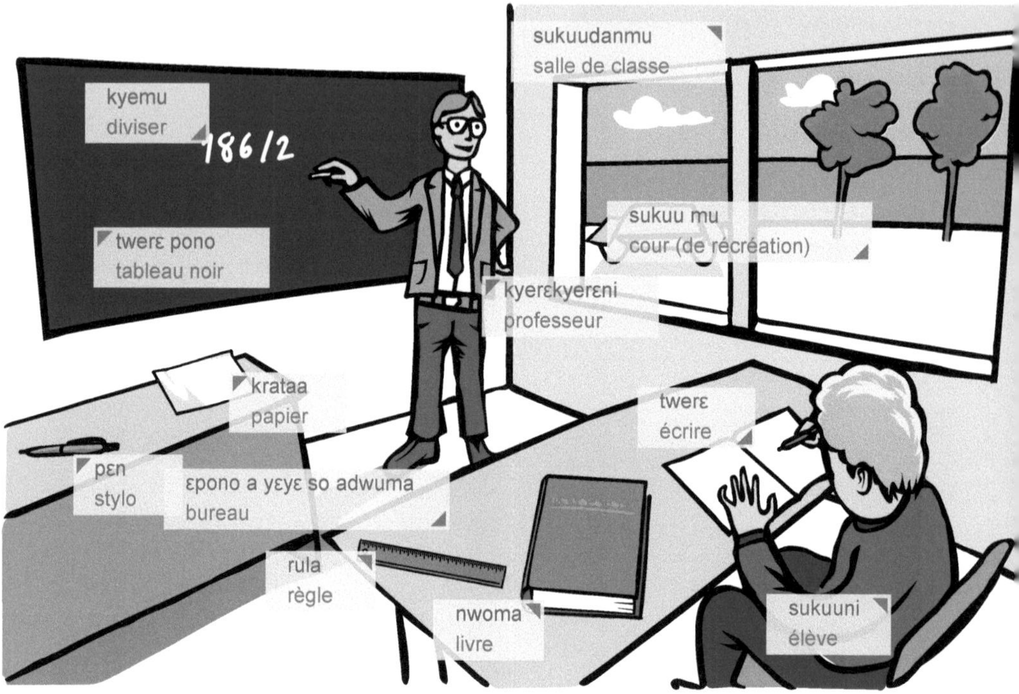

sukuudanmu
salle de classe
kyemu
diviser
186/2
twerɛ pono
tableau noir
sukuu mu
cour (de récréation)
kyerɛkyerɛni
professeur
krataa
papier
twerɛ
écrire
pɛn
stylo
ɛpono a yɛyɛ so adwuma
bureau
rula
règle
nwoma
livre
sukuuni
élève

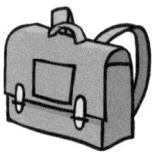

baage

cartable

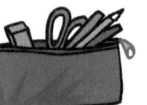

twerɛdua konko

trousse

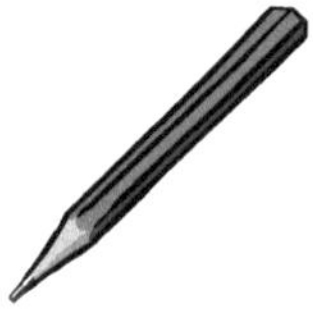

twerɛdua

crayon

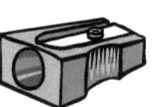

deɛ yɛde sensen twerɛdua ano

taille-crayon

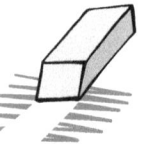

rɔba

gomme

krataa a yɛdwi adeguso

carnet à dessin

adedwie

dessin

penti brɔhye

pinceau

penti adaka

boîte de peinture

apasɔɔ

ciseaux

aman

colle

nwoma a yɛyɛ mu adwuma

cahier d'exercices

efie adwuma

devoirs

nɔma

chiffre

kabom

additionner

te fri mu

soustraire

mmoho

multiplier

sese

calculer

lɛtɛ

lettre

ntwerɛeɛ

alphabet

asɛmfua

mot

ntwerɛdeɛ

texte

kenkan

lire

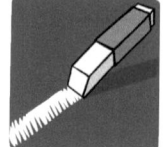

kyɔk

craie

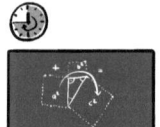

adesua

leçon

twerɛ wo din

livre de classe

nsɔhwɛ

examen

abodinkrataa

certificat

sukuu ataadeɛ

uniforme scolaire

adesua

formation

nyansa nwoma

lexique

suapɔn

université

maakroskop

microscope

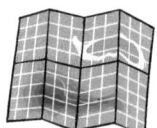

map

carte

kɛntɛn a yɛde krataa nwura
gu mu

corbeille à papier

akwantuo
voyage

Grand
ahɔhogyebea
hôtel
hostɛl
auberge
ROOMS
€CHANGE
baabi a yɛ sesa sika
bureau de change
potomanto
valise
kaa
voiture

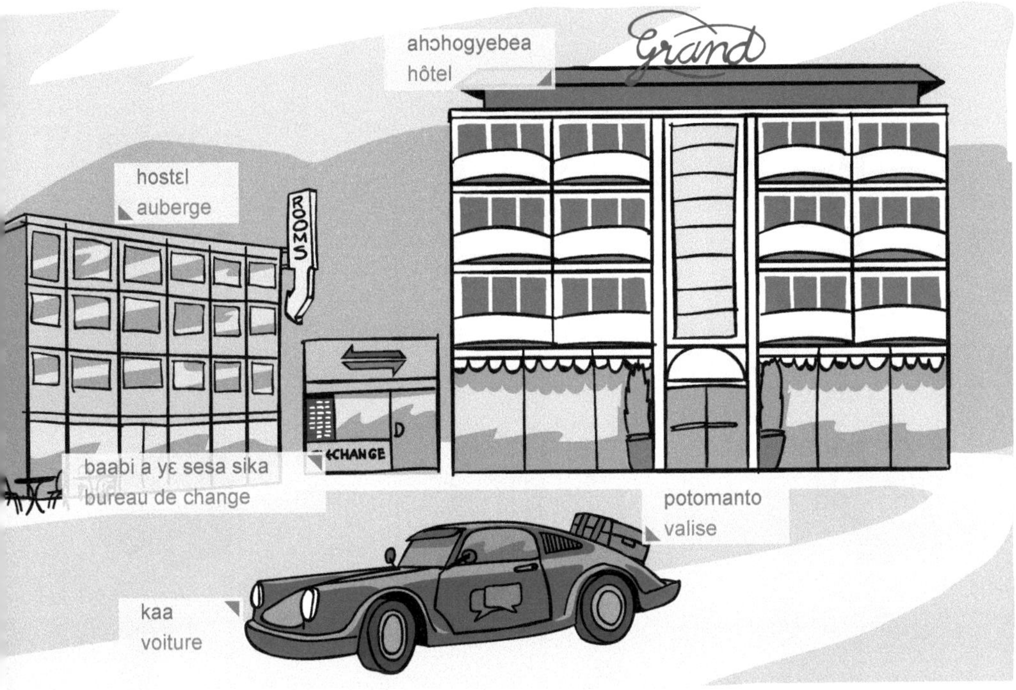

kasa
....
langue

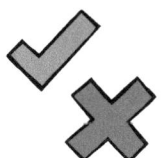

aane / dabi
....
oui / non

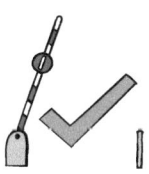

Yoo
....
d'accord

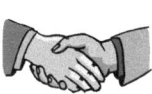

hɛlo
....
Salut

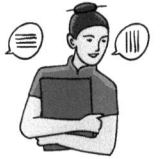

kasa asekyerɛfoɔ
....
interprète

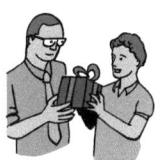

Medaase
....
merci

...boɔ yɛ sɛn?

Combien coûte...?

Me nte aseɛ

Je ne comprends pas

ɔhaw

problème

Maadwo!

Bonsoir !

Maakye!

Bonjour !

Dayie!

Bonne nuit !

baibai o

Au revoir

akwankyerɛ

direction

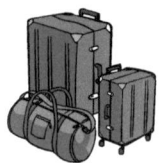

wo nneɛma

bagages

bɔtɔ

sac

akyirebɔtɔ

sac-à-dos

ɔhɔhoɔ

hôte

danmu

pièce

bɔtɔ a yɛda mu

sac de couchage

ntomadan

tente

nsɛm dema wɔn a wɔkɔ
nsrahwɛ

plage

office de tourisme

mpoano

plage

kaade a yɛde yi sika

carte de crédit

anɔpa aduane

petit-déjeuner

awua aduane

déjeuner

anwumerɛ aduane

dîner

tiket

billet

pegya

ascenseur

stamp

timbre

ɛhyeɛ so

frontière

kutɔmfoɔ

douane

embasi

ambassade

visa

visa

passpɔt

passeport

akwantuo - voyage

akɔneabadie
transport

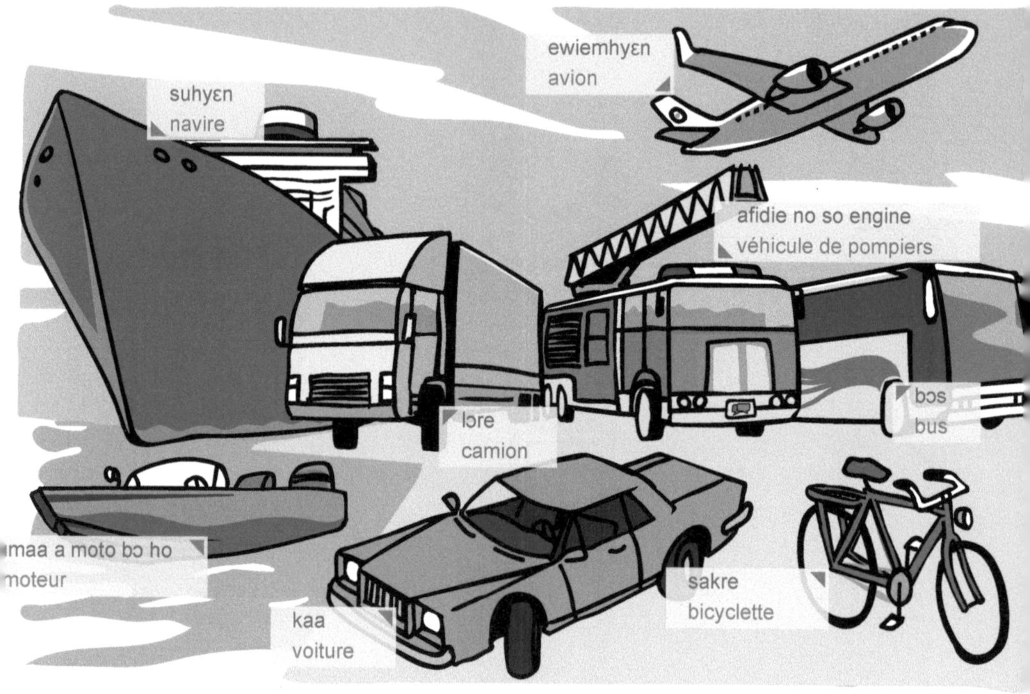

ewiemhyɛn
avion
suhyɛn
navire
afidie no so engine
véhicule de pompiers
lɔre
camion
bɔs
bus
maa a moto bɔ ho
moteur
kaa
voiture
sakre
bicyclette

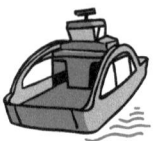

hyɛma
ferry

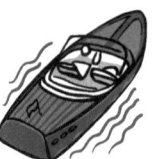

suhyɛn kumaa
barque

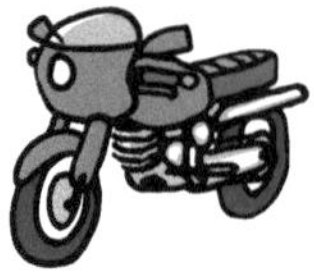

motosakre
moto

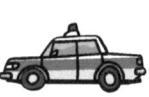

polisifoɔ kaa
voiture de police

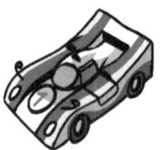

kaa a ɛkɔ mirika akansie
voiture de course

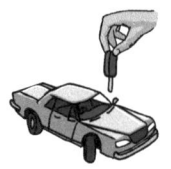

kaa a yɛde ma ahan
voiture de location

wɔre kyɛ kaa

auto-partage

lɔre a asɛɛɛ

voiture de remorquage

bɔɔla kaa

benne à ordures

moto

moteur

pɛtro

essence

baabi a yɛbu pɛtro

station d'essence

trafik ahyɛnsodeɛ

panneau indicateur

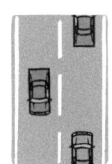

trafik

trafic

trafik akye

embouteillage

baabi a yɛde kaa esi

parking

keteke gyinabea

gare

keteke kwan

rails

keteke

train

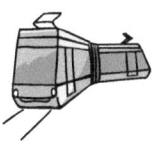

tram

tramway

ponkɔ kaa

wagon

helikopta

hélicoptère

ewiemhyɛnbea

aéroport

abansoro

tour

apasingyani

passager

tontowa

conteneur

adaka

carton

kaate

chariot

kɛntɛn

corbeille

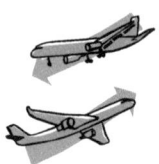

atu / asi fam

décoller / atterrir

kuro kɛseɛ

ville

akurase

village

kuro dwaberɛ mu

centre-ville

efie

maison

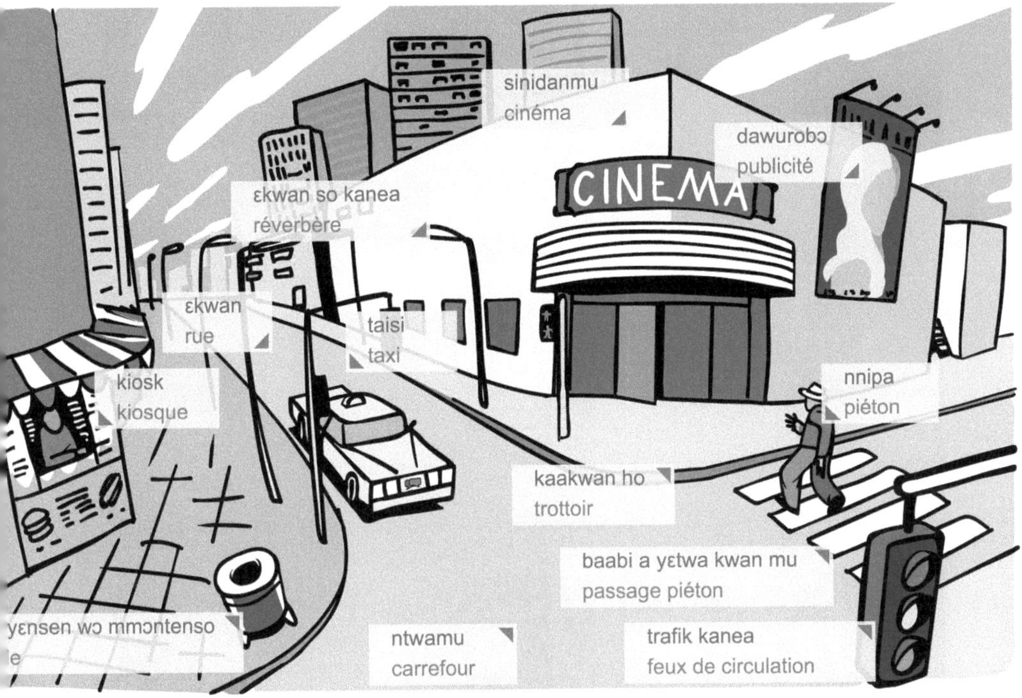

sinidanmu
cinéma
CINEMA
dawurobɔ
publicité
ɛkwan so kanea
réverbère
ɛkwan
rue
taisi
taxi
kiosk
kiosque
nnipa
piéton
kaakwan ho
trottoir
baabi a yɛtwa kwan mu
passage piéton
yɛnsen wɔ mmɔntenso
e
ntwamu
carrefour
trafik kanea
feux de circulation

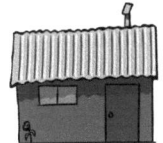

apata

cabane

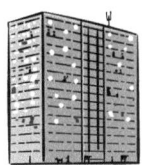

efie

appartement

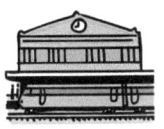

keteke gyinabea

gare

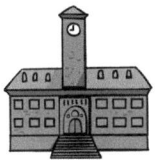

adwaberɛm

mairie

MUSEUM

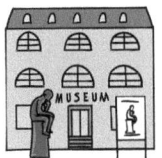

bea a yɛ kora tete nneɛma

musée

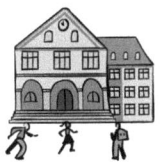

sukuu

école

suapɔn

université

sikakrobea

banque

ayaresabea

hôpital

ahɔhogyebea

hôtel

famasi

pharmacie

asoeɛ

bureau

sotɔɔ a wɔtɔn nwoma

librairie

sotɔɔ

magasin

baabi yɛtɔn nhwiren

fleuriste

sotɔɔpɔn

supermarché

edwam

marché

sotɔɔ kɛseɛ

grand magasin

baabi a yɛtɔn mpataa

poissonnerie

dwadibea kɛseɛ

centre commercial

suhyɛn gyinabea

port

baabi kaa gyina

parc

bɛnkye

banque

ɛtwene

pont

atwedeɛ

escaliers

asaase ase

métro

ɛbɔn

tunnel

baabi a bɔs gyina

arrêt de bus

nsanombea

bar

adidibea

restaurant

lɛta adaka

boîte à lettres

ɛkwan so akwankyerɛ

panneau indicateur

baabi kaa gyina ho mita

parcmètre

zoo

zoo

nsuo a yɛ dware mu

piscine

nkramodan

mosquée

afuo

ferme

dɛɛ egu mmɔnten so fi

pollution

asieɛ

cimetière

asɔre

église

agodibea

aire de jeux

asɔre dan

temple

mmɔnten so asiesie

paysage

ahaban
feuille

sanbɔd
panneau indicateur

kwan
chemin

asaase a ɛsere wɔ so
pré

boba
pierre

ɔnantefoɔ
randonneur

dua
arbre

asubɔnten
rivière

ɛserɛ
herbe

nhwiren
fleur

amenamu

vallée

bepɔ

montagne

tadeɛ

lac

kwaeɛ

forêt

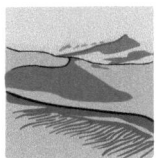

ɛserɛ so

désert

egya a efri botan mu

volcan

abankɛseɛ

château

nyankontɔn

arc-en-ciel

emere

champignon

abɛtene

palmier

ntomntom

moustique

tu

mouche

ntɛtea

fourmis

wowɔ

abeille

ananse

araignée

amankuo

coléoptère

apɔnkyerɛni

grenouille

opuro

écureuil

apɛsɛ

hérisson

adanko

lièvre

patuo

chouette

anomaa

oiseau

nsuo mu dabodabo

cygne

kɔkɔte

sanglier

adoa

cerf

ɔtweenini

élan

dam

barrage

wind turbine afidie

éolienne

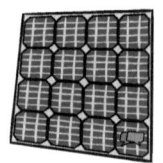

afidie a ɛkye awia

panneau solaire

wiem nsakraeɛ

climat

adidibea
restaurant

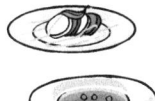

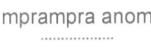

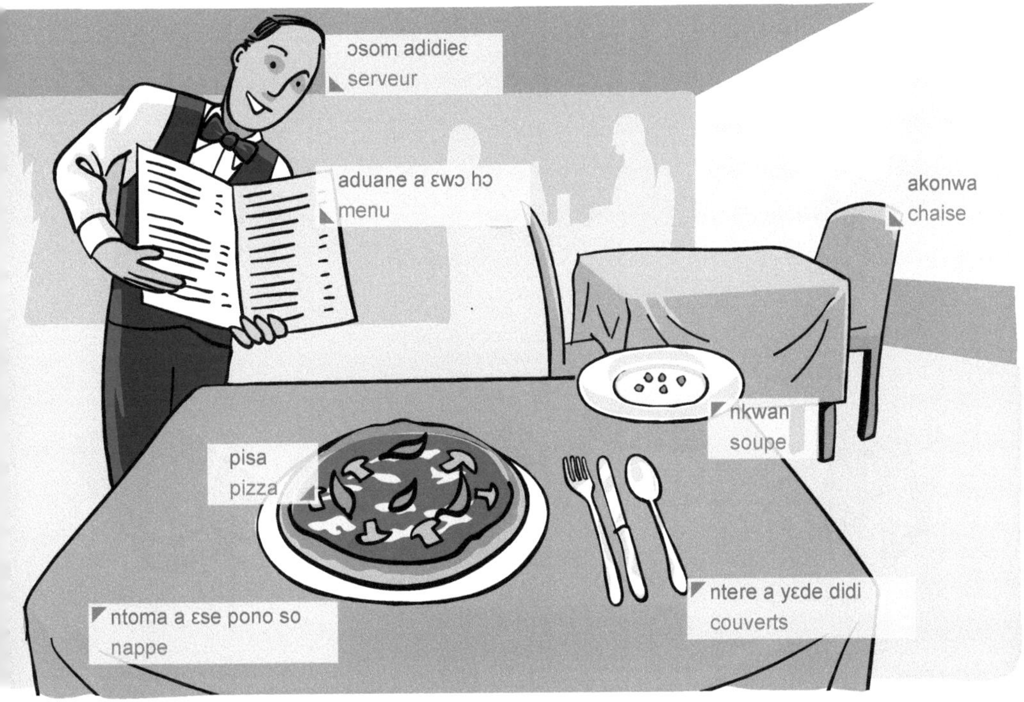
ɔsom adidieɛ
serveur
aduane a ɛwɔ hɔ
menu
akonwa
chaise
nkwan
soupe
pisa
pizza
ntere a yɛde didi
couverts
ntoma a ɛse pono so
nappe

mprampra anom
hors d'œuvre

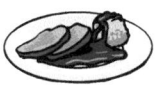

aduane no ankasa
plat principal

mpa anom
dessert

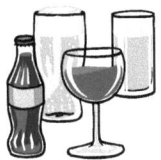

nsa
boissons

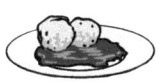

aduane
alimentation

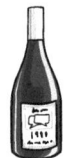

toa
bouteille

aduane hyewhyew

fast-food

abɔnten so aduane

plats à emporter

tii kukuo

théière

asikyire konko

sucrier

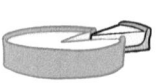

wo kyɛfa

portion

espresso afidie

machine à expresso

akonwa tenten

chaise haute

wo ka

facture

apanpan

plateau

sekan

couteau

adinam

fourchette

atere

cuillère

atere ketewa

cuillère à thé

napkin a yɛde pepa ano

serviette

glase

verre

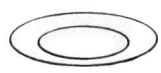

prɛte

assiette

kwan kyɛnsee

assiette à soupe

prɛte ketewa

soucoupe

abomu

sauce

nkyene kukuo

salière

yɛde yam mako

moulin à poivre

fenega

vinaigre

anwa

huile

aduhwam

épices

kɛkyɔp

ketchup

mustad

moutarde

mayones

mayonnaise

sotɔɔpɔn
supermarché

ntesoɔ soronko
offre promotionnelle
FOR
adetɔfoɔ
client
nanatwie nufusuo
produits laitiers
aduaba
fruits
hwiili
chariot

BUTCHERS

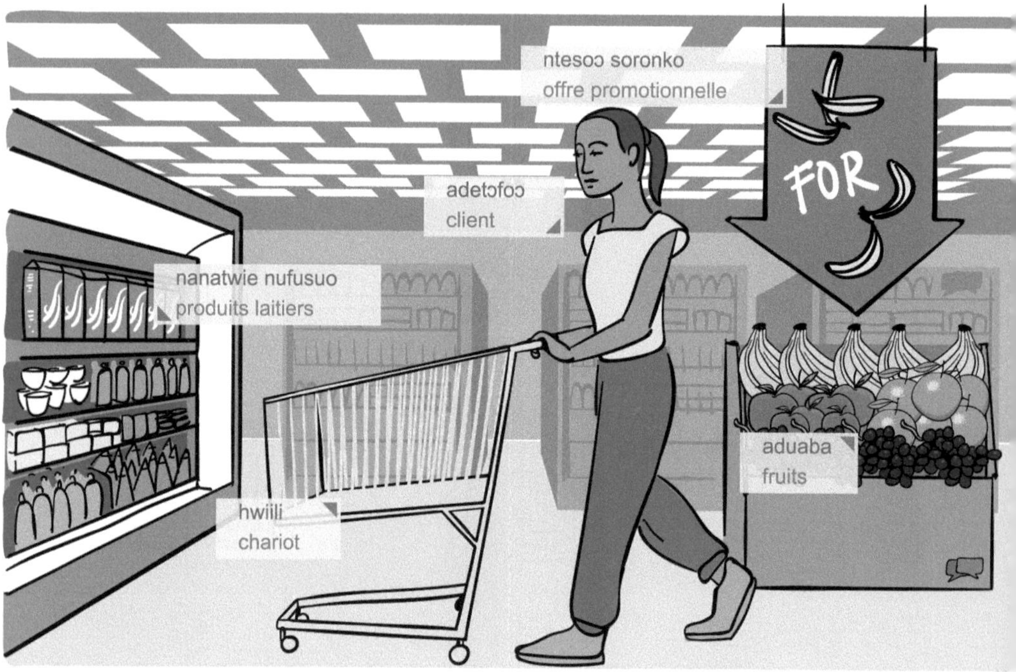

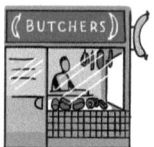

baabi a yɛtɔn nam

boucherie

BAKERY

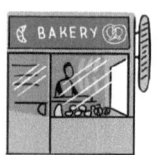

baabi a yɛtɔn paano

boulangerie

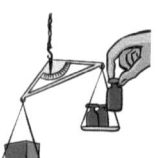

susu

peser

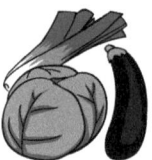

atosodeɛ

légumes

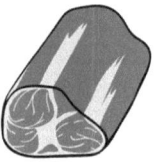

nam

viande

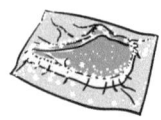

frigyemu aduane

aliments surgelés

nam a adwɔɔ
charcuterie

kyɛnsee mu aduane
conserves

paoda samena
poudre à lessive

adedɔkɔdɔkɔ
bonbons

efie nneɛma
articles ménagers

adetɔneɛ a yɛde pepa fin
détergents

nnipa a ɔtɔn adeɛ
vendeuse

afidie a egye sika
caisse

ɔgyegye sika
caissier

krataa a wodɪ rekɔ dɪ dwa
liste d'achats

berɛ a wɔde bua
heures d'ouverture

sikabɔtɔ
portefeuille

kaade a yɛde yi sika
carte de crédit

baage
sac

rɔba baage
sac en plastique

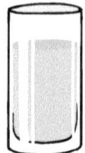

nsuo

eau

aduaba mu nsuo

jus de fruit

nufusuo

lait

kok

coca

wain nsa

vin

biya

bière

mmorosa

alcool

kokoo

chocolat chaud

tii

thé

kofe

café

espresso

expresso

kapukyino

cappuccino

kwadu

banane

apol

pomme

ankaa

orange

melon

melon

akutɔ

citron

karɔt

carotte

garlik

ail

pampro

bambou

gyeene

oignon

mmere

champignon

nkateɛ

noisettes

talia

pâtes

spageti

spaghetti

ɛmo

riz

salad

salade

kyipis

pommes frites

abrɔdwomaa a y'akye

pommes de terre rôties

pisa

pizza

hambɔga

hamburger

sanwekye

sandwich

nam a dompe nnim

escalope

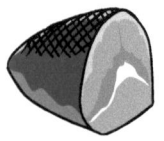

preko nam

jambon

nam a y'ahata

salami

sɔsege

saucisse

akokɔ

poulet

toto

rôti

apataa

poisson

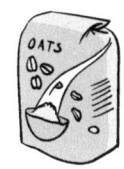

oosu koko

flocons d'avoine

muesli

muesli

konflese

cornflakes

esam

farine

krossant

croissant

paano a y'abobɔ

petits-pains

paano

pain

paano a y'atoto

pain grillé

biskete

biscuits

bɔta

beurre

nufusuo a ada

le fromage blanc

keeke

gâteau

kosua

œuf

kosua a y'akyeε

œuf au plat

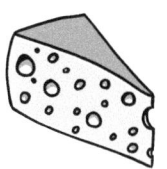

kyiis

fromage

asskrim

glace

asikyire

sucre

ɛwoɔ

miel

gyaam

confiture

kyokolete

crème nougat

kɔri

curry

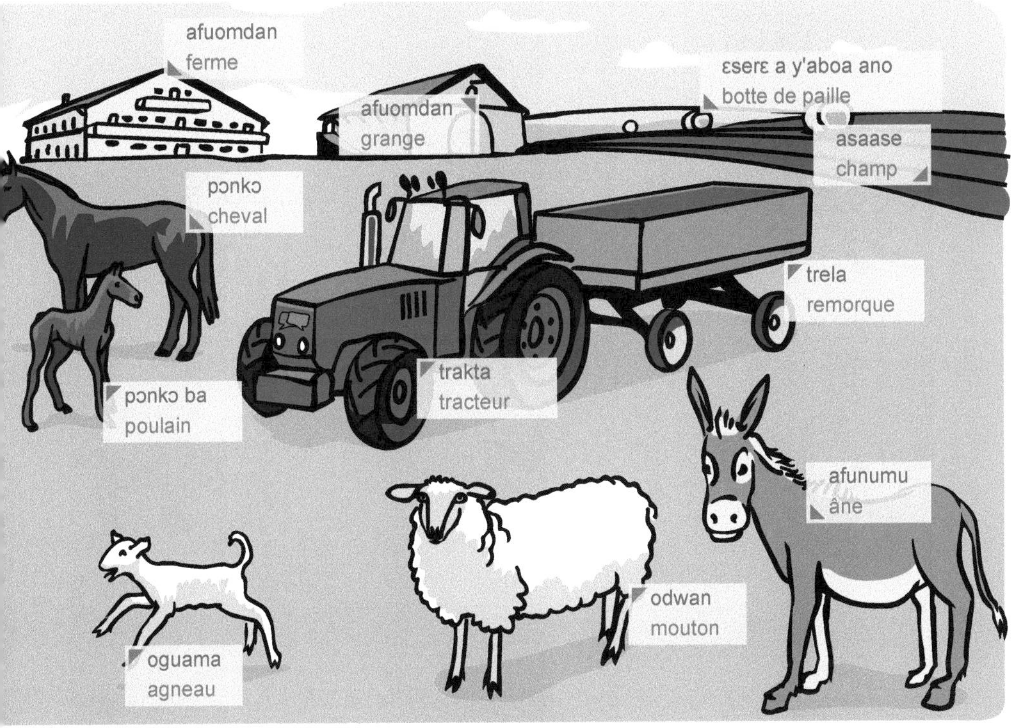

afuomdan
ferme

ɛserɛ a y'aboa ano
botte de paille

afuomdan
grange

asaase
champ

pɔnkɔ
cheval

trela
remorque

trakta
tracteur

pɔnkɔ ba
poulain

afunumu
âne

oguama
agneau

odwan
mouton

apɔnkye

chèvre

nantwie

vache

nantwie ba

veau

prɛko

porc

prɛko ba

porcelet

nantwinini

taureau

dabodabo nua

oie

dabodabo

canard

akokɔba

poussin

akokɔbedeɛ

poule

akokɔnini

coq

kusie

rat

ɔkra

chat

akura

souris

nantwinini

bœuf

kraman

chien

kraman buo

chenil

afuom drobɛn

tuyau de jardin

tontora a yɛde gu nsuo

arrosoir

sekan a yɛde twa aburo

faucheuse

funtum dadeɛ

charrue

kɔntɔnkrɔ

faucille

asɔ

pioche

afuom adinam

fourche

akuma

hache

hweebaro

brouette

adidika

cuve

nufusuo konko

pot à lait

botɔ

sac

ɛban

clôture

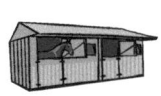

ponkɔ dan

étable

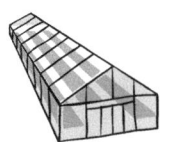

ntomadan a yɛyɛ mu afuo

serre

anwea

sol

aba

semences

ɔyɛ asaaseyie

engrais

otwaberɛ trakta

moissonneuse-batteuse

twa

récolter

otwaberɛ

récolte

bayerɛ

igname

ayuo

blé

soya

soja

abrɔdwomaa

pomme de terre

aburo

maïs

repu aba

colza

dua a ɛso aba

arbre fruitier

bankye

manioc

aburo asefoɔ

céréales

efie
maison

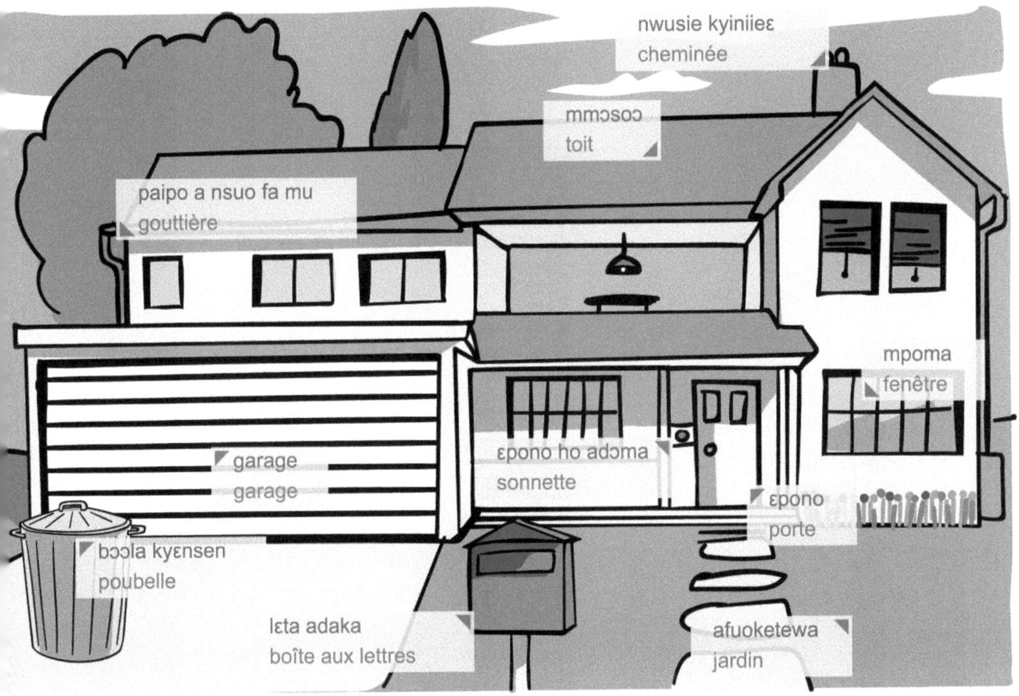

nwusie kyiniieɛ
cheminée
mmɔsoɔ
toit
paipo a nsuo fa mu
gouttière
mpoma
fenêtre
garage
garage
ɛpono ho adɔma
sonnette
ɛpono
porte
bɔɔla kyɛnsen
poubelle
lɛta adaka
boîte aux lettres
afuoketewa
jardin

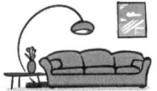

asaso

salon

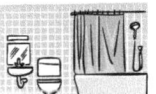

adwareɛ

salle de bain

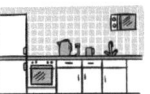

mukaase

cuisine

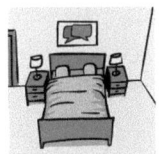

pie mu

chambre à coucher

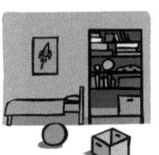

nkwadaa dan mu

chambre d'enfant

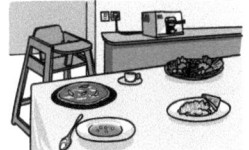

dan a yɛdidi mu

salle à manger

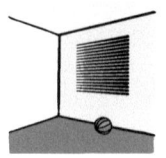

εfam
sol

εban
mur

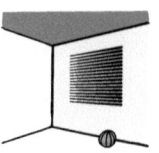

abruuso
plafond

danbloo
cave

adwereε a εbɔ ɔhyew
sauna

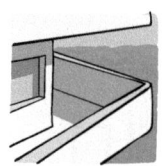

abranaa
balcon

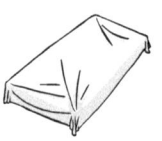

abranaaso
terrasse

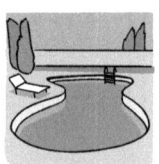

nsuo a yεdware mu
piscine

afidie a yεde dɔ
tondeuse à gazon

nsεfam
housse

ntoma a εse kεtε so
couette

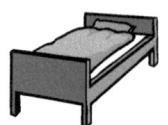

mpa
lit

prayε
balai

bokiti
sceau

dane
interrupteur

asaso
salon

krataa a ɛfam dan ho
papier peint
nfonin
image
kanea
lampe
kɔbɔd
étagère
kɔbɔd adaka
armoire
tiivi
télé
egya dabrɛ
cheminée
nhwiren
fleur
kuhyɛn
coussin
akonwa kɛseɛ
sofa
kukuo a nhwiren hye mu
vase
remote
télécommande

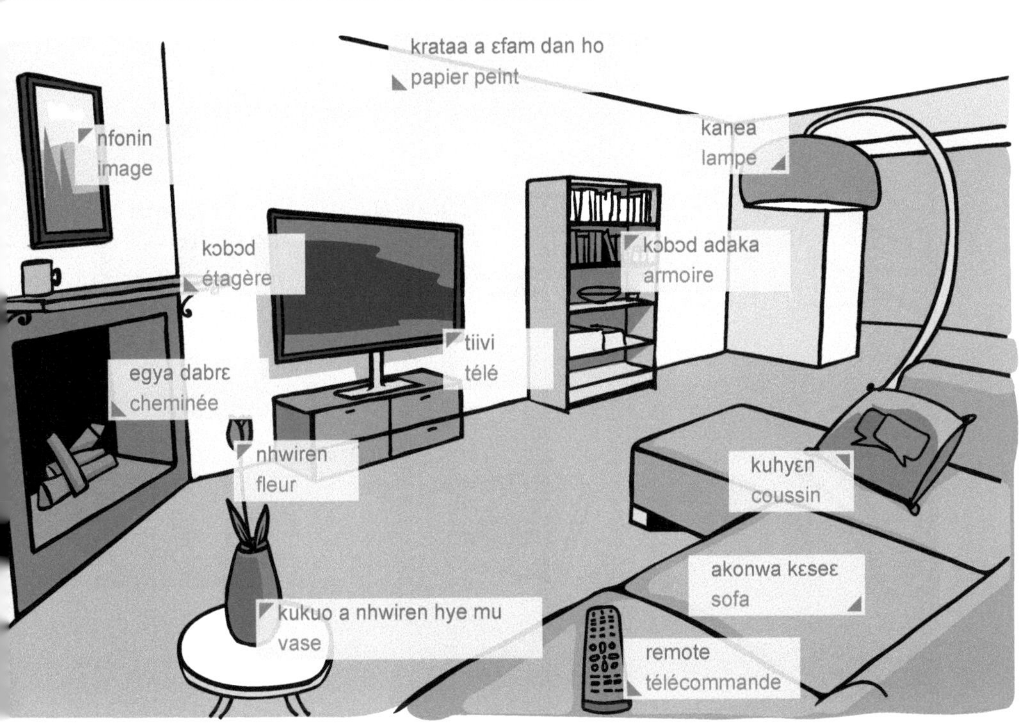

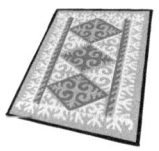

kapɛte
tapis

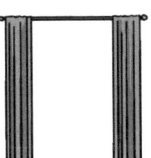

ntwaa dan mu
rideau

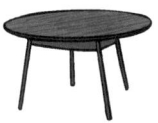

ɛpono
table

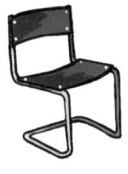

akonwa
chaise

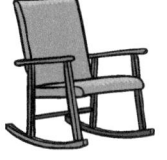

akonwa a ehinhim
chaise à bascule

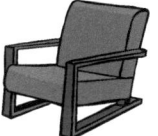

akonwa a yɛgyegye dan
fauteuil

nwoma

livre

kuntu

couverture

dan mu nsiesie

décoration

egya

bois de chauffage

sini

film

wailɛs

chaîne hi-fi

safoa

clé

koowaa krataa

journal

nfonin a y'adwi

peinture

nfam danho

poster

radio

radio

krataa a yɛ twere mu

bloc-notes

afidie a ɛprapra

aspirateur

kaktus

cactus

kyɛnere

bougie

mukaase
cuisine

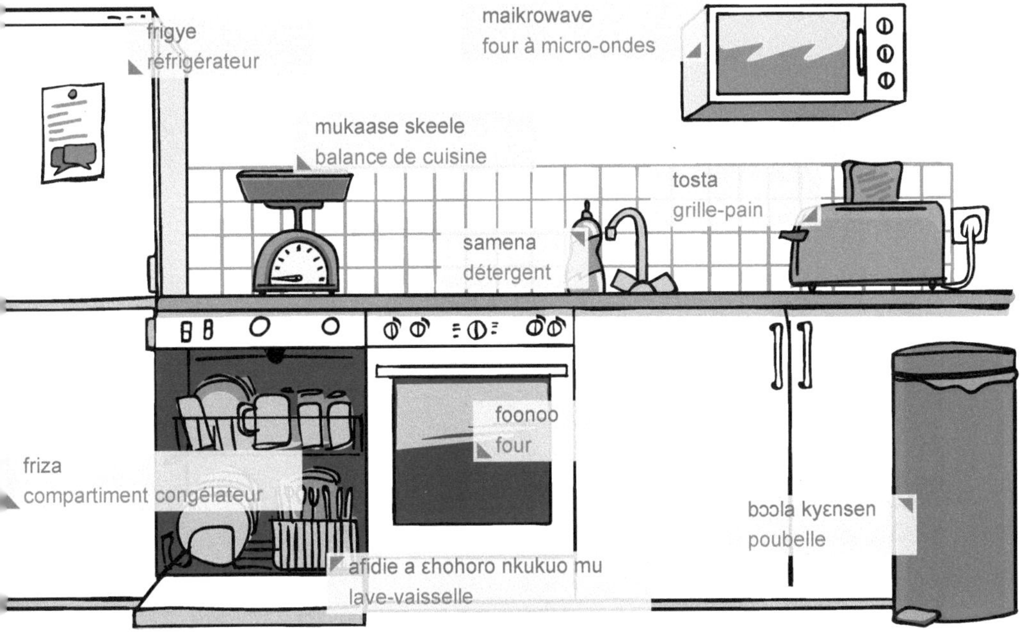
frigye
réfrigérateur
maikrowave
four à micro-ondes
mukaase skeele
balance de cuisine
tosta
grille-pain
samena
détergent
foonoo
four
friza
compartiment congélateur
bɔɔla kyɛnsen
poubelle
afidie a ɛhohoro nkukuo mu
lave-vaisselle

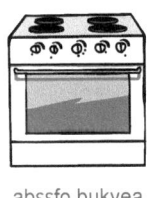

abɛɛfo bukyea
four

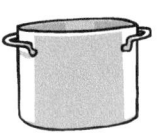

kokuo
casserole

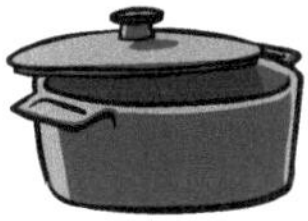
dadesɛn
marmite

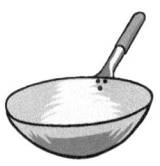

wok / kadai
wok / kadai

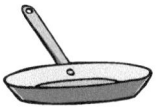

kyɛnsee
poêle

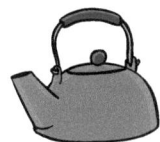

nsuo hyeɛ afidie
bouilloire electrique

stiima

cuiseur vapeur

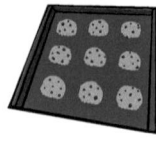

apa a yɛ to so adeɛ

plaque de cuisson

prɛte, kuruwa, ntere ne nea ɛkeka ho

vaisselle

kuruwa a etumi bɔ

gobelet

kyɛnsee

coupe

nnua a yɛde didi

baguettes

kwantre

louche

dua atere

spatule

yɛde nu adeɛ mu

fouet

sɔneɛ

passoire

fefe

tamis

greta

râpe

waduro

mortier

kyinkyinga

barbecue

bukyea

cheminée

:pono a yɛ twitwaso adeɛ

planche à découper

ɛta

rouleau à pâtisserie

deɛ yɛtu nsa so

tire-bouchon

konko

boîte

deɛ yɛde bue konko so

ouvre-boîte

yɛde sɔ kukuo mu

maniques

sink

lavabo

brɔhye

brosse

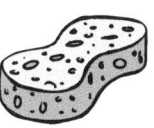

sapɔ

éponge

aduane yam fidie

mixeur

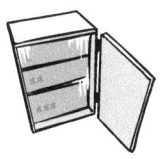

friza nini

congélateur

toa a abɔdoma nom ano

biberon

paipo

robinet

adwareɛ

salle de bain

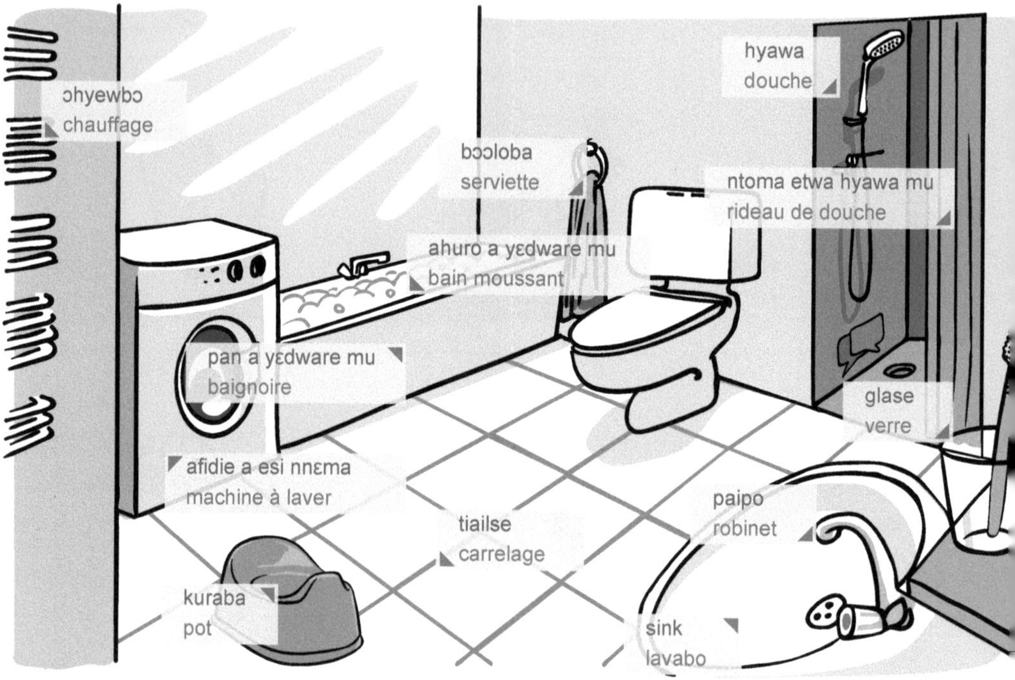
ɔhyewbɔ
chauffage
bɔɔloba
serviette
hyawa
douche
ntoma etwa hyawa mu
rideau de douche
ahuro a yɛdware mu
bain moussant
pan a yɛdware mu
baignoire
glase
verre
afidie a esi nnɛma
machine à laver
paipo
robinet
tiailse
carrelage
kuraba
pot
sink
lavabo

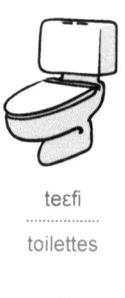

teɛfi

toilettes

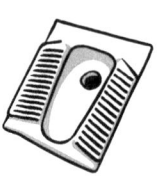

teɛfi a yɛ koto so

toilette à la turque

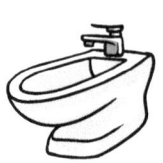

bidet teɛfi

bidet

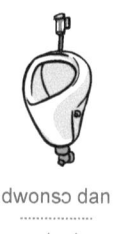

dwonsɔ dan

urinoir

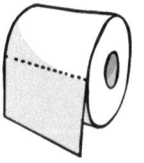

teɛfi so krataa

papier toilette

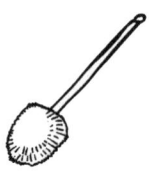

teɛfi so brɔhye

brosse à toilette

ɔrɔhye a yɛde twitwiri see

....

brosse à dents

aduro a yɛde twitwiri see

....

dentifrice

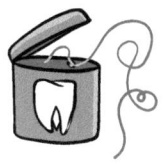

yɛde yiyi ɛsee mu

....

fil dentaire

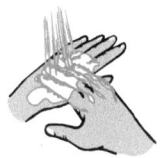

si

....

laver

hyawa a yɛsɔ mu

....

douche manuelle

paipo a yɛde hohoro
ananmu

....

douche intime

bokiti

....

vasque

brɔhye a wode dware w'akyi

....

brosse dorsale

samena

....

savon

hyawa samena

....

gel douche

nsuo samena

....

shampooing

flanɛl ntoma

....

gant de toilette

baabi a nsu fa pue

....

écoulement

nku

....

crème

yɛde fefa amotoamu

....

déodorant

ahwehwɛ

miroir

ahwehwɛ a yɛsɔ mu

miroir cosmétique

bled

rasoir

ahuro a yɛde yi nwi

mousse à raser

aduro a yɛde fefa baabi a
wo ayi nwi

après-rasage

afen

peigne

brɔhye

brosse

afidie a ɛwo nwi

sèche-cheveux

enwi sopre

laque pour cheveux

pɔns

fond de teint

lipstike

rouge à lèvres

penti a yɛde mɔreɛ so

vernis à ongles

asaawa

ouate

apasoɔ a etwa mmɔreɛ

coupe-ongles

aduhwam

parfum

adwareɛ baage

trousse de toilette

edwa

tabouret

skele

pèse-personne

adwereɛ ataadeɛ

peignoir

rɔba a yɛde hyɛ nsa ho

gants de nettoyage

tampon

tampon

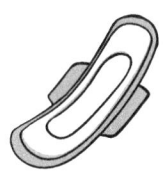

abɛɛfo amonsen

serviettes hygiéniques

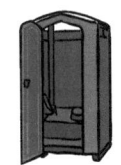

teɛfi a aduro gum

toilette chimique

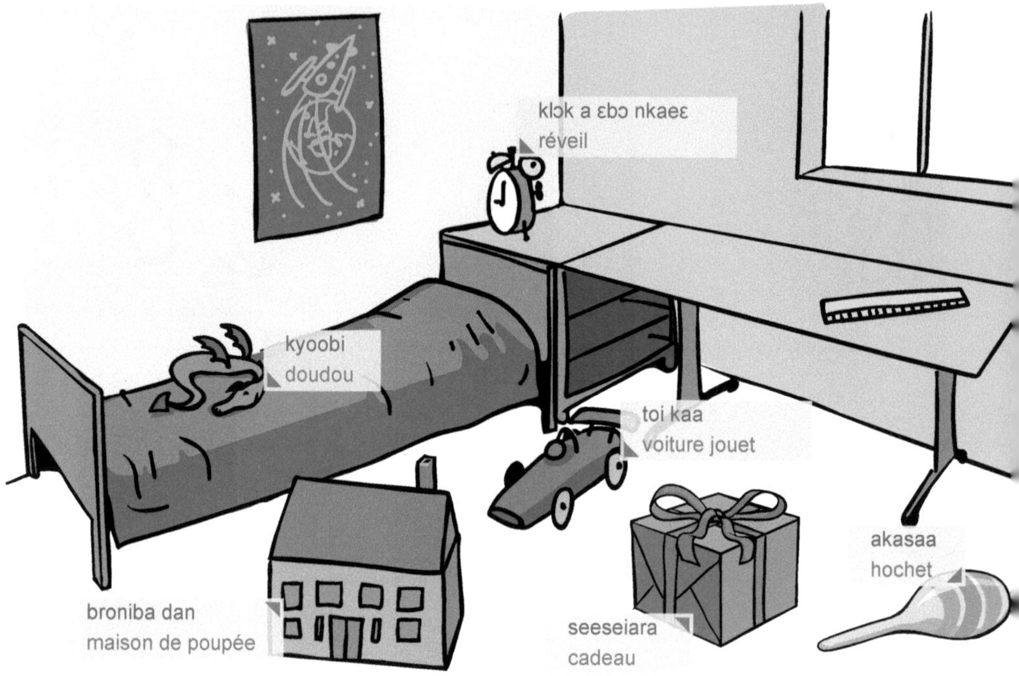

klɔk a ɛbɔ nkaeɛ
réveil

kyoobi
doudou

toi kaa
voiture jouet

akasaa
hochet

broniba dan
maison de poupée

seeseiara
cadeau

baaluu

ballon

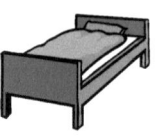

mpa

lit

nkwadaa kaa

poussette

sopaa

jeu de cartes

gyiksɔɔ

puzzle

nsɛnkwa

bande dessinée

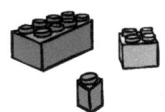

lego blɔg

pièces lego

blɔg a yɛde si dan

blocs de construction

nnipa ɔbɔhye

figurine

abɔdoma ataadeɛ

grenouillère

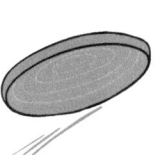

frisbee

frisbee

mobail

mobile

ponoso agodie

jeu de société

daahye

dé

nkwadaa keteke

train miniature

koliko

sucette

apontoɔ

fête

nfonin nwoma

livre d'images

bɔɔlo

balle

broniba

poupée

di agorɔ

jouer

anwea adaka

bac à sable

adonko

balançoire

tois

jouets

video agodie apaawa

console de jeu

sakre a ne nan meɛnsa

tricycle

kyoobi

ours en peluche

wɔdropo

armoire

ntaadeɛ

vêtements

sɔks

chaussettes

stokens

bas

sekentait

collant

duku
écharpe

kyinieɛ
parapluie

t-hyɛɛt
t-shirt

bɛlɛte
ceinture

mpaboa
bottes

kyalewate
pantoufles

kamboo
baskets

asopatre
....
sandales

mpoboa
....
chaussures

rɔba mpaboa
....
bottes de caoutchouc

ɛtam
....
sous-vêtements

bra
....
soutien-gorge

singlɛte
....
maillot de corps

nipadua
body

trɔsa
pantalon

gyins
jean

sekɛɛt
jupe

ɛsoro ataadeɛ
chemisier

hyɛɛte
chemise

nkatoho a ɛko awɔ
pull

hoodie
sweat à capuche

koot
veste

nkatasoɔ
veste

nkatasoɔ
manteau

nsutɔ mu nkataho
imperméable

dwumadie bi ho ataadeɛ
costume

mmaa atadeɛ
robe

ayefrɔ ataadeɛ
robe de mariée

kootu

costume

mmaa ataadeɛ a yɛde da

chemise de nuit

pigyamas ataadeɛ

pyjama

sari

sari

duku

foulard

abotire

turban

burka

burqa

kaftan

caftan

nkramofoɔ mmaa atadeɛ

abaya

taadeɛ a yɛde dware nsuo

maillot de bain

asenemu ataadeɛ

maillot de bain

nika

short

agokansie ntaadeɛ

tenue d'entraînement

akatasoɔ

tablier

nsa nkataho

gants

bɔtom

bouton

sopɛɛse

lunettes

ahwneɛ

bracelet

komadeɛ

collier

kawa

bague

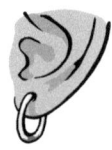

asomadeɛ

boucle d'oreille

ɛkyɛ

bonnet

yɛde koot sɛn so

cintre

ɛkyɛ

chapeau

abɔmene mu

cravate

zip

fermeture éclair

ɛkyɛ denden

casque

bresis

bretelles

sukuu ataadeɛ

uniforme scolaire

adwuma ataadeɛ

uniforme

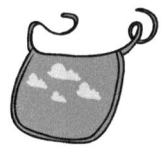

mmɔfra bib

bavoir

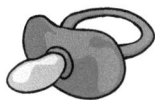

koliko

sucette

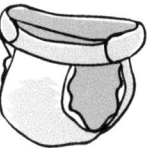

nkwadaa napken

lange

asoeɛ

bureau

sɛɛva
serveur
kabenɛt
armoire d'archivage
printa
imprimante
krataa
papier
monita
écran
Maws
souris
ɛpono a yɛyɛ so adwuma
bureau
nhyemu
classeur
ntwerɛɛɛ pono
clavier
akonwa
chaise
a yɛdc krataa nwura gu mu
lle à papier
komputa
ordinateur

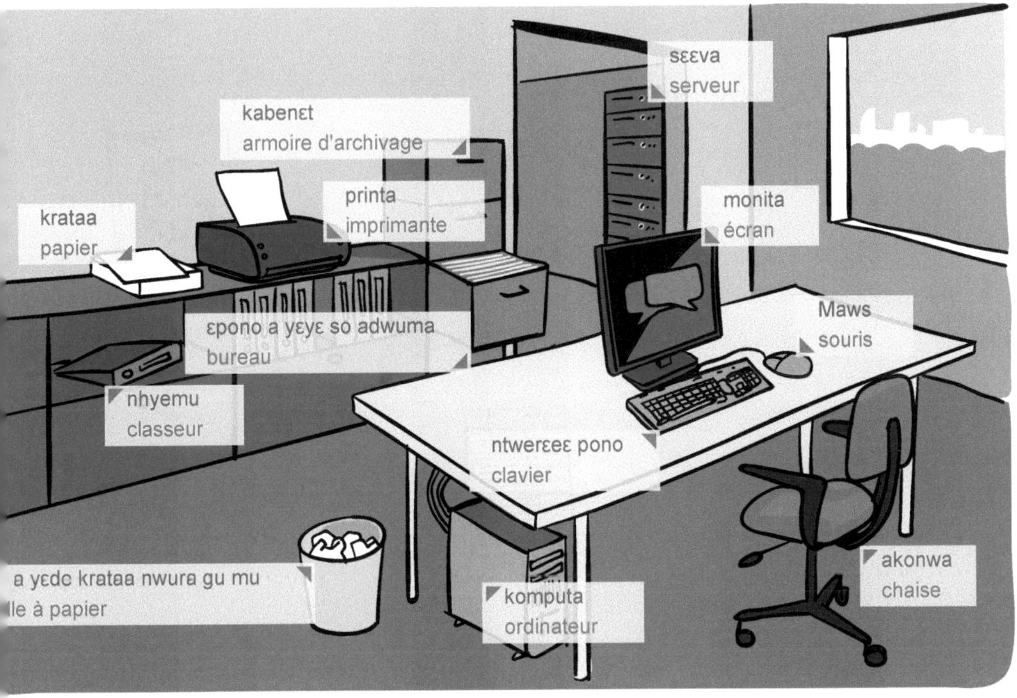

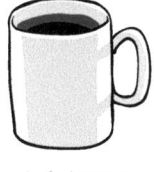

kɔfe kuruwa

tasse de café

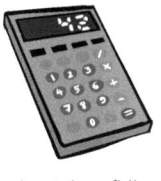

akontabuo fidie

calculatrice

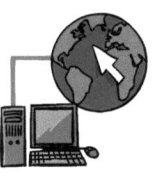

intanɛt

internet

laptop

ordinateur portable

lɛta

lettre

nkratɔɔ

message

mobail kasafidie

portable

nɛtwɛke

réseau

fotokɔpi

photocopieuse

softwɛɛ

logiciel

tetefon

téléphone

sɔkɛt

prise

faks afidie

fax

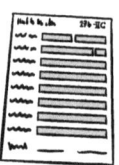

katraa

formulaire

nkrataa

document

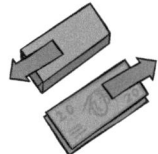

tɔ
....
acheter

tua
....
payer

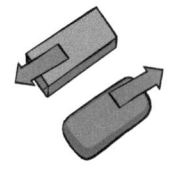

di dwa
....
faire du commerce

sika
....
monnaie

dollar
....
dollar

euro
....
euro

yen
....
yen

rubel
....
rouble

Swiss franks
....
franc suisse

renminbi yuan
....
renminbi yuan

rupii
....
roupie

baabi yɛtua sika
....
distributeur automatique

baabi a yɛ sesa sika

bureau de change

sika kɔkɔɔ

or

dwetɛ

argent

now

pétrole

ahoɔden

énergie

ne boɔ

prix

kontragye

contrat

ɛtoɔ

taxe

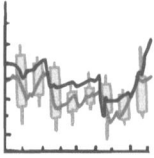

stɔk

action

adwuma

travailler

adwumayɛni

employé

adwumawura

employeur

mfididwuma mu

usine

sotɔɔ

magasin

nwuma ahodoɔ
professions

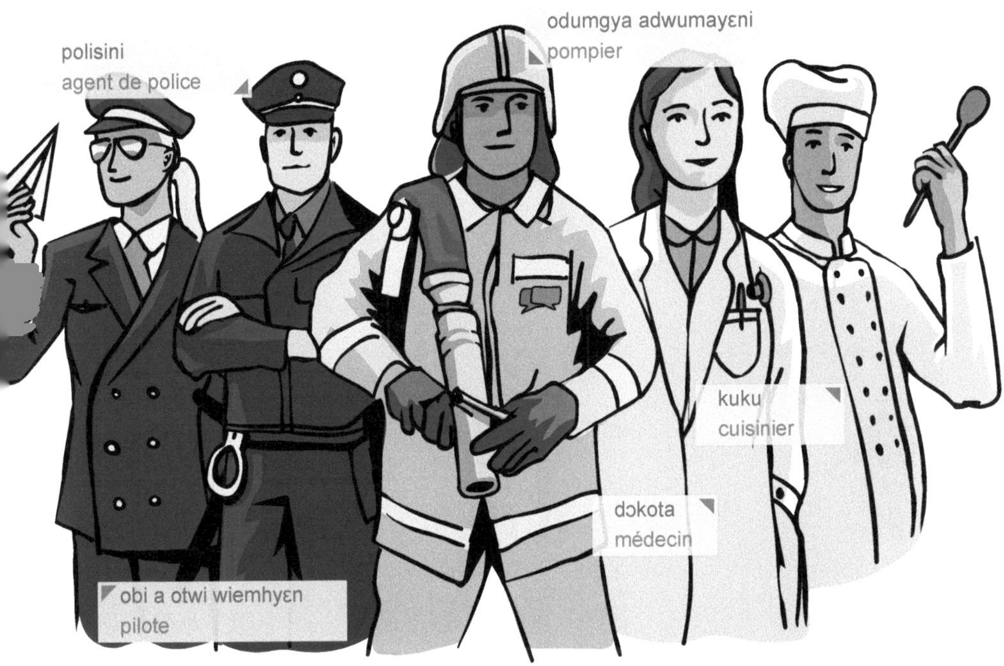

odumgya adwumayɛni
pompier
polisini
agent de police
kuku
cuisinier
dɔkota
médecin
obi a otwi wiemhyɛn
pilote

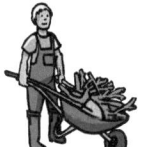

ɔyɛ afuo

jardinier

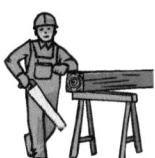

dua dwomfoɔ

menuisier

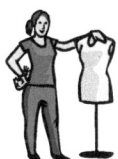

adepani baa

couturière

atɛnmuafoɔ

juge

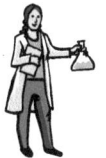

ɔtɔn nnuro

chimiste

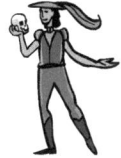

sini yɛfoɔ

acteur

bɔs drɔba

conducteur de bus

taisi drɔba

chauffeur de taxi

ɔpofoɔ

pêcheur

ɔbaa a osiesie fie

femme de ménage

ɔbɔdanso

couvreur

ɔsom adidieɛ

serveur

bɔmɔfoɔ

chasseur

penta

peintre

ɔto paano

boulanger

ɔyɛ nkaneɛ ho adwuma

électricien

ɔdansifoɔ

ouvrier

inginia

ingénieur

ɔdwa nam

boucher

plɔmba

plombier

krataa manefoɔ

facteur

sogyani

soldat

ɔdwi adan

architecte

ɔgyegye sika

caissier

otɔn nhwiren

fleuriste

ɔyɛ tire

coiffeur

meeti

contrôleur

fitani

mécanicien

nnipa a otwi suhyɛn

capitaine

ɛsee dɔkota

dentiste

abɔdeɛ mu nimdefoɔ

scientifique

rabi

rabbin

kramo panin

imam

ɔsɔfo

moine

osɔfo

prêtre

anwenade
outils

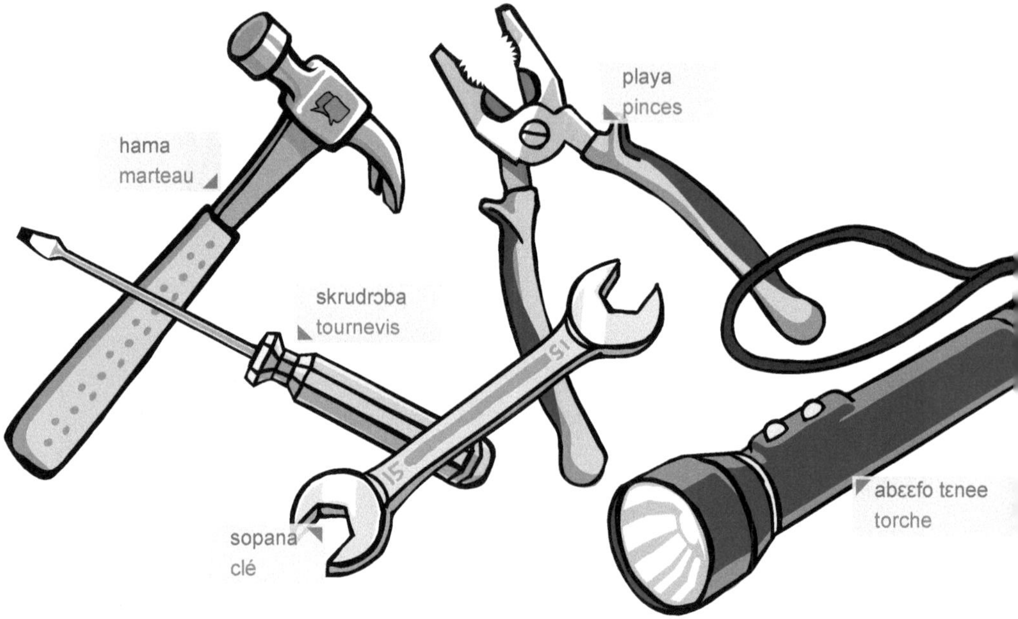

hama
marteau
playa
pinces
skrudrɔba
tournevis
sopana
clé
abɛɛfo tɛnee
torche

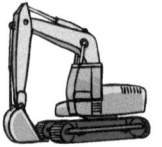

otu amena

pelleteuse

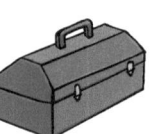

anwenade adaka

boîte à outils

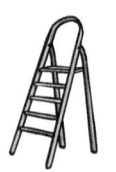

atwedeɛ

échelle

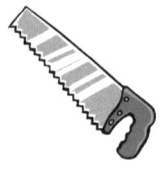

asradaa

scie

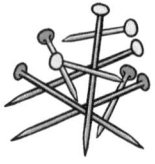

nnadewa

clous

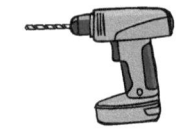

afidie a yɛde bɔne tokro

perceuse

siesie

réparer

sofi

pelle

Ebei!

Mince !

asanwura

pelle

penti kukuo

pot de peinture

skruu

vis

nneɛma a yɛde bɔ nwom
instruments de musique

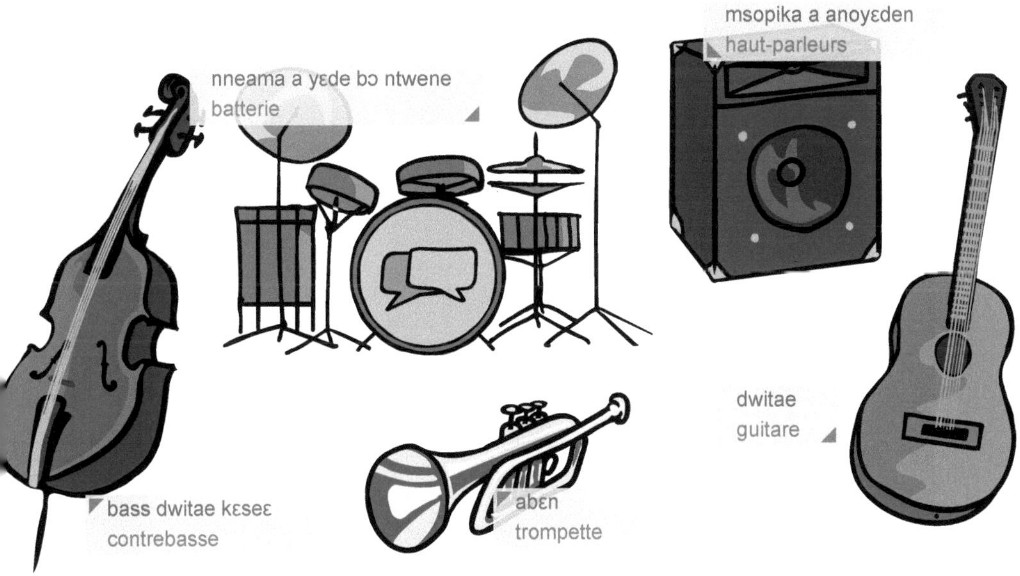

msopika a anoyɛden
haut-parleurs

nneama a yɛde bɔ ntwene
batterie

dwitae
guitare

bass dwitae kɛseɛ
contrebasse

abɛn
trompette

sankuo
....
piano

ahoma sankuo
....
violon

bass dwitae
....
basse

atumpan
....
timbales

ntwene
....
tambour

ntwerɛeɛ apa
....
piano électrique

saksofon
....
saxophone

atentenbɛn
....
flûte

maikrofon
....
microphone

εpono ano
entrée

sɛbɔ
tigre

mmoa dan
cage

zebra
zèbre

mmoa aduane
alimentation animale

panda
panda

mmoa
animaux

ɔsono
éléphant

kangaru
kangourou

raino
rhinocéros

akatea
gorille

sisire
ours

afunupɔnkɔ

chameau

sohori

autruche

gyata

lion

adwee

singe

flamingo

flamand rose

ako

perroquet

awɔ mu sisire

ours polaire

penguin

pingouin

oboodede

requin

akɔkonini abankwa

paon

wɔwɔ

serpent

dɛnkyɛm

crocodile

nnipa ɛhwɛ zoo so

gardien de zoo

nsuo mu gyata

phoque

sebɔ

jaguar

pɔnkɔ ba

poney

etwie

léopard

susuono

hippopotame

kɔntenten

girafe

ɔkɔdeɛ

aigle

kɔkɔte

sanglier

apataa

poisson

sudandan

tortue

walrus

morse

sakraman

renard

ɔtwee

gazelle

Amerikafoɔ futbɔɔlo
american Football

skre twie
cyclisme

tennis
tennis

basketbɔɔlo
basket-ball

nsuom adwareɛ
natation

akutruku
boxe

asukɔkyea so hɔki
hockey sur glace

futbɔl
football

badmintin
badminton

mirikatuo
athlétisme

bɔɔlo a yɛde nsa bɔ
handball

skii
ski

polo
polo

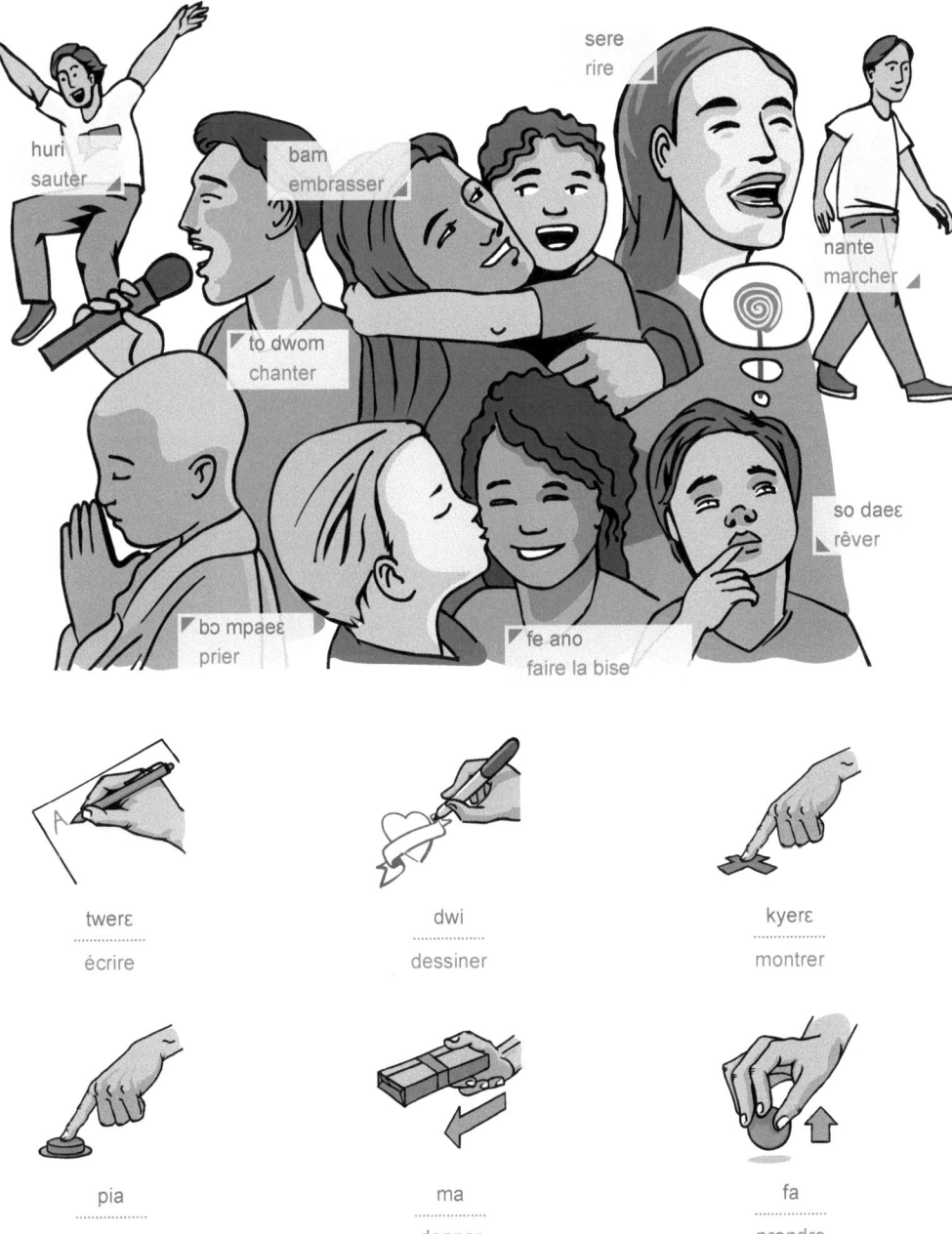

huri
sauter

bam
embrasser

sere
rire

nante
marcher

to dwom
chanter

so daeɛ
rêver

bɔ mpaeɛ
prier

fe ano
faire la bise

twerɛ
écrire

dwi
dessiner

kyerɛ
montrer

pia
pousser

ma
donner

fa
prendre

nya

avoir

yɛ

faire

yɛ

être

gyina

être debout

tu mirika

courir

twe

trier

to

jeter

tɔ fam

tomber

da hɔ

être couché

twɛn

attendre

soa

porter

tenase

être assis

hyɛ ataadeɛ

s'habiller

da

dormir

nyane

se réveiller

hwɛ

regarder

su

pleurer

san ho

caresser

nunum

peigner

kasa

parler

te aseɛ

comprendre

bisa

demander

tie

écouter

nom

boire

didi

manger

yɛ nsiesie

ranger

ɔdɔ

aimer

noa

cuire

twi

conduire

tu

voler

fa nsuo so

faire de la voile

sese

calculer

kenkan

lire

sua

apprendre

adwuma

travailler

ware

se marier

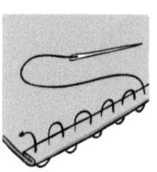

pam

coudre

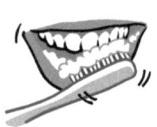

twitwiri wo se

brosser les dents

kum

tuer

nom gyɔt

fumer

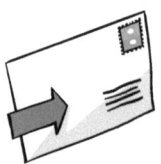

mane

envoyer

abusua
famille

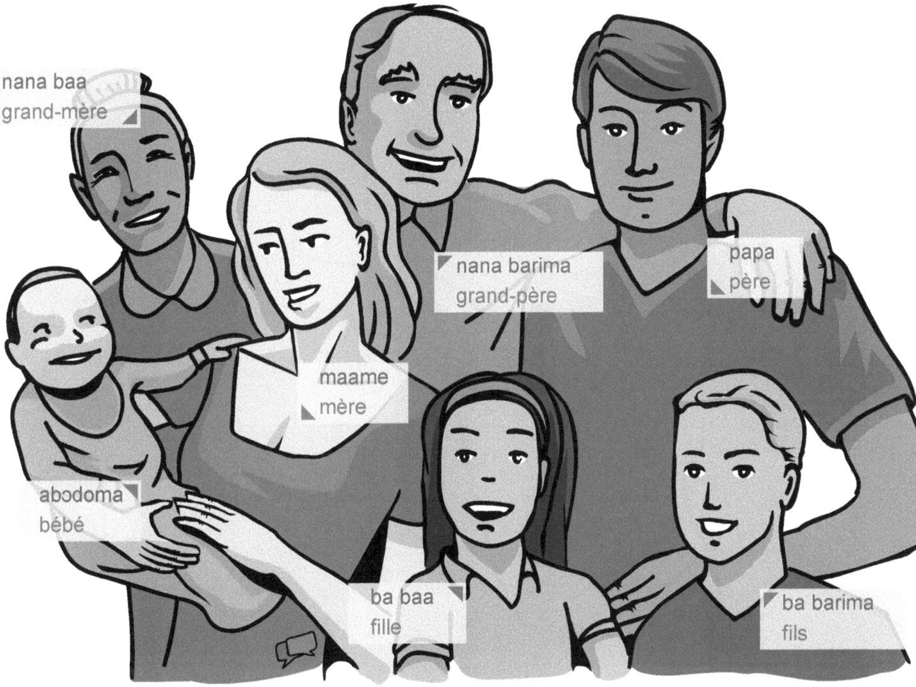
nana baa
grand-mère
nana barima
grand-père
papa
père
maame
mère
abɔdoma
bébé
ba baa
fille
ba barima
fils

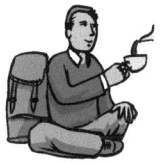

ɔhɔhoɔ

hôte

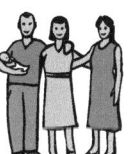

sewaa

tante

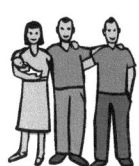

wɔfa

oncle

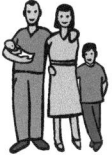

nua barima

frère

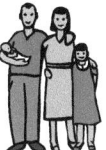

nua baa

sœur

nipadua

corps

moma
front
ani
œil
anim
visage
apantan
menton
nufoɔ
poitrine
nsatea
doigt
nsa
main
nsa
bras
abɛtire
épaule
ɛnan
jambe

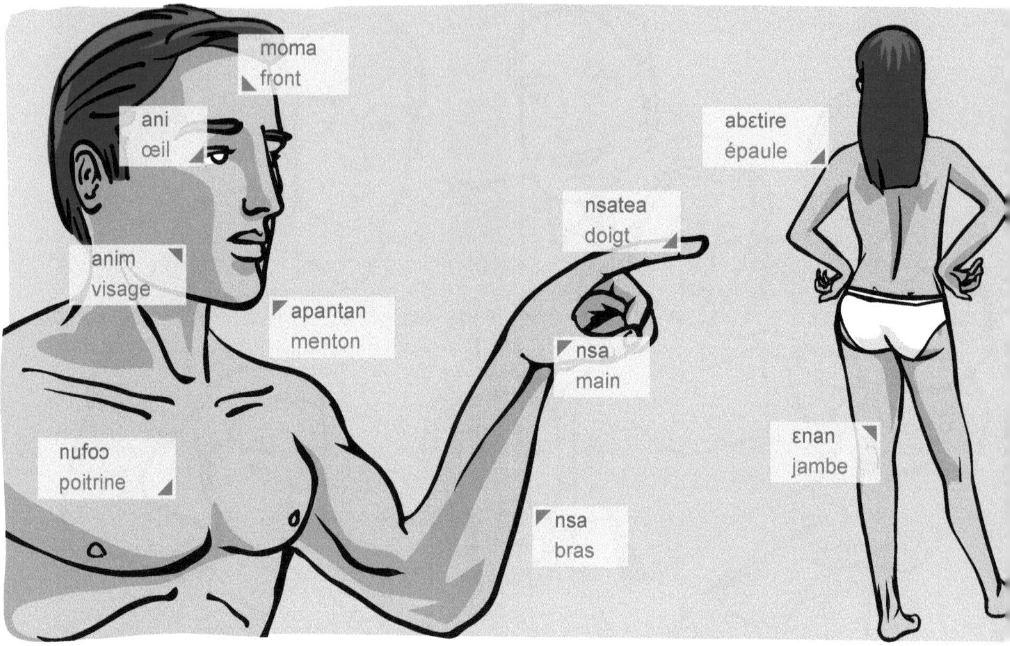

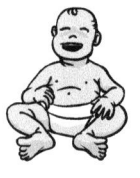

abɔdoma
bébé

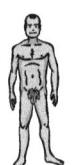

barima
homme

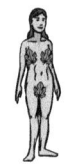

ɔbaa
femme

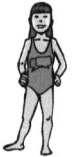

abayewa
fille

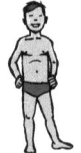

abarimawa
garçon

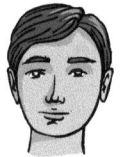

etire
tête

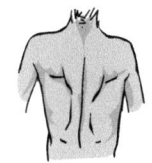

akyi
dos

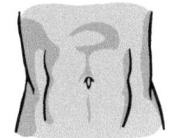

afro
ventre

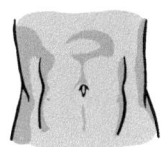

fruma
nombril

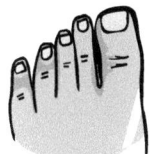

nansoa
orteil

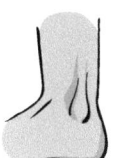

nantini
talon

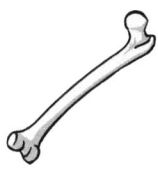

dompe
os

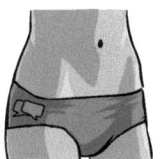

ataasɔɔ
hanche

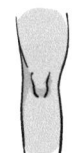

kotodwe
genou

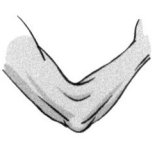

abatwɛ
coude

ɛhwene
nez

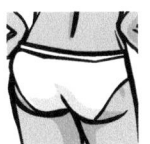

ɛtoɔ
fesses

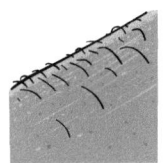

wedeɛ
peau

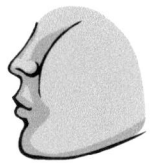

afono
joue

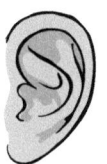

aso
oreille

ano
lèvre

anom

bouche

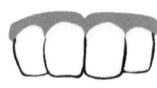

ɛsee

dent

tɛkyerɛma

langue

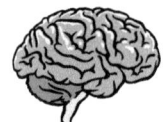

adwene

cerveau

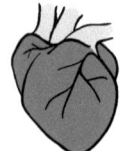

akoma

cœur

ntini

muscle

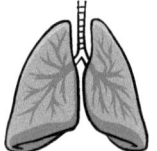

aharawa

poumons

brɛboɔ

foie

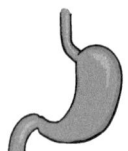

yafunu

estomac

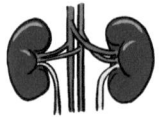

asaa

reins

nna

rapport sexuel

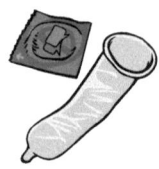

kɔndɔm

préservatif

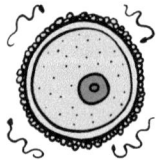

ɔbaa nkosua

ovule

barima ho nsuo

sperme

nyinsɛn

grossesse

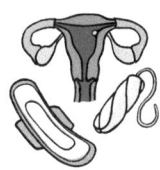

nsabuo

menstruation

ɛtwɛ

vagin

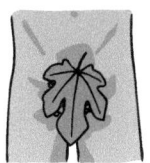

kɔteɛ

pénis

anintɔn

sourcil

enwin

cheveux

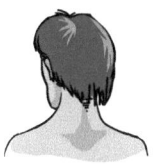

ɛkɔn

cou

ayaresabea
hôpital

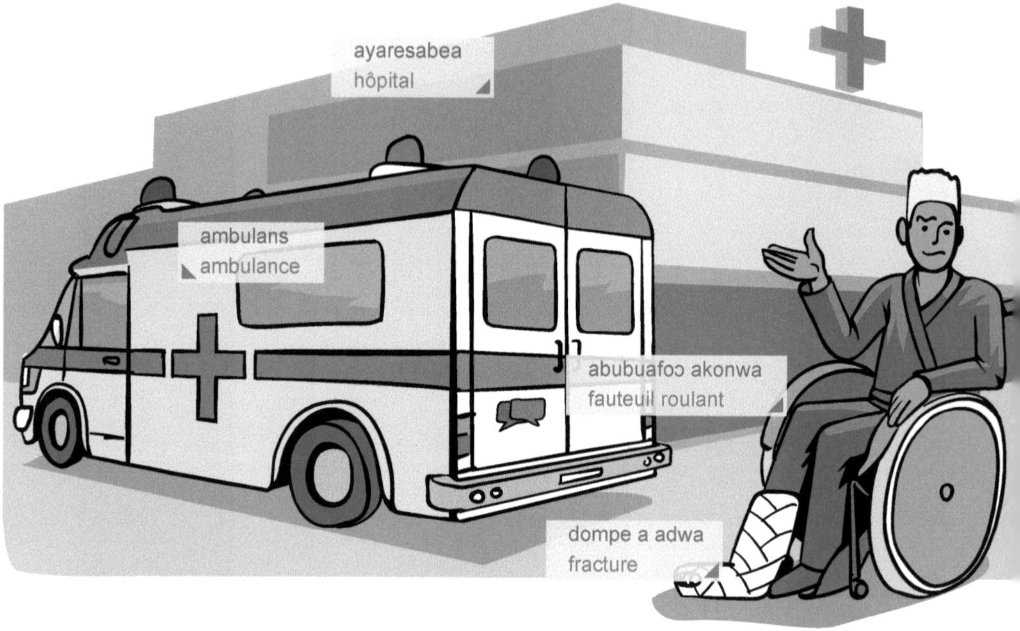

ayaresabea
hôpital
ambulans
ambulance
abubuafoɔ akonwa
fauteuil roulant
dompe a adwa
fracture

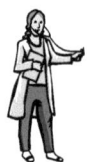

dɔkota

médecin

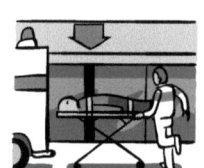

ɛdan a wɔde putupru nsɛm kɔmu

service des urgences

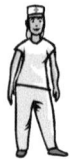

nɛɛse

infirmière

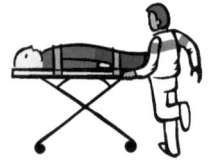

putupru

urgence

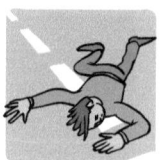

wɔ atwa ahwe

inconscient

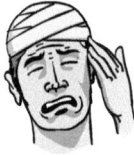

yea

douleur

epira

blessure

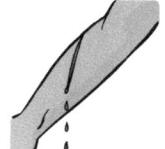

mogyatuo

hémorragie

akoma yarenini

crise cardiaque

stroke yareɛ

attaque cérébrale

allegyi

allergie

ɛwa

toux

ahoɔhyeɛ

fièvre

papu

grippe

ayamtuo

diarrhée

tipaeɛ

mal de tête

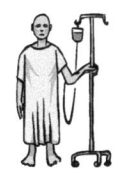

kokoram

cancer

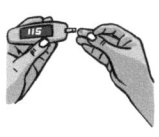

asikyire yareɛ

diabète

dɔkota a ɛyɛ oprehyɛn

chirurgien

skapɛl sekan

scalpel

aprehyɛn

opération

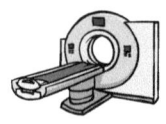

CT
CT

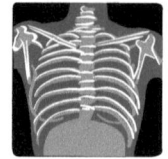

x-ray
radiographie

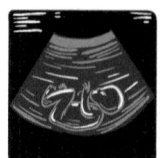

ultrasound
échographie

nkatanim
masque

yareɛ
maladie

ɛdan a wɔ twɛn mu
salle d'attente

krɔhyes
béquille

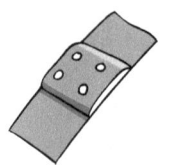

plasta
pansement

banege
pansement

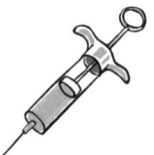

paneɛ
injection

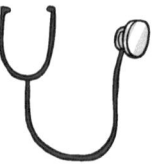

Stetoskop
stéthoscope

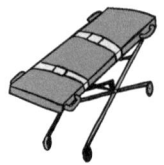

ahomankaa
brancard

afidie a esusu ahoɔhyeɛ
thermomètre

awoɔ
accouchement

kɛseɛ mmorosoɔ
surcharge pondérale

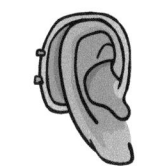

afidie a ɛboa asɛmtie

appareil auditif

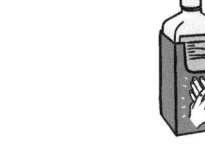

aduro a ekum mmoawa

désinfectant

yareɛ a mmoawa deba

infection

vaarɔs

virus

HIV / AIDS

VIH / sida

aduro

médicament

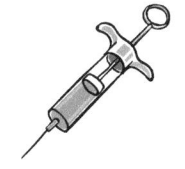

aduro a esi yareɛ ano

vaccination

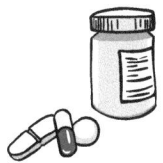

aduro tablɛte

comprimés

topaeɛ

pilule

ɔfrɛ wɔ putupru so

appel d'urgence

afidie a esusu mogya
mmrosoɔ

tensiomètre

yareɛ / apomuden

malade / sain

Boa me!

Au secours !

kɔkɔbɔ

alarme

εborɔ

assaut

ato ahyε obi so

attaque

εyε hu

danger

baabi a yεfa de pue putupru so

sortie de secours

Ogya!

Au feu!

afidie a yεde dumgya

extincteur

nkwanhyia

accident

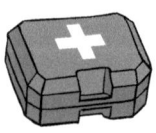

nneεma yεde sɔ yareε ano

trousse de premier secours

SOS

SOS

SOS

polisi

police

Yuropo

Europe

Amerika atifi

Amérique du Nord

Amerika ananfoɔ

Amérique du Sud

Abiberm

Afrique

Asia

Asie

Australia

Australie

Atlantik

Océan atlantique

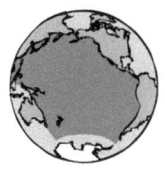

Pasifek

Océan pacifique

India po kɛseɛ

Océan indien

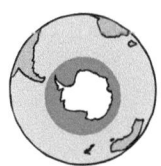

Antaatek po keseɛ

Océan antarctique

Aatek po kɛseɛ

Océan arctique

Ewiase atifi

pôle nord

Ewiase anaafɔ

pôle sud

Antaatek

Antarctique

Ewiase

terre

asaase

pays

ɛpo

mer

supɔ

île

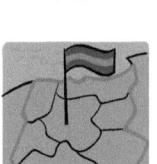

ɔman

nation

Image (nation/état)

ɔman

état

klɔko no anim

cadran

dɔnhwere nsa no

aiguille des heures

sima nsa

aiguille des minutes

anitɛtɛ nsa no

aiguille des secondes

Abɔ sɛn?

Quelle heure est-il ?

da

jour

berɛ

temps

seeseiara

maintenant

wkye a nɔma wɔ so

montre digitale

sima

minute

dɔnhwere

heure

nnawɔtwe
semaine

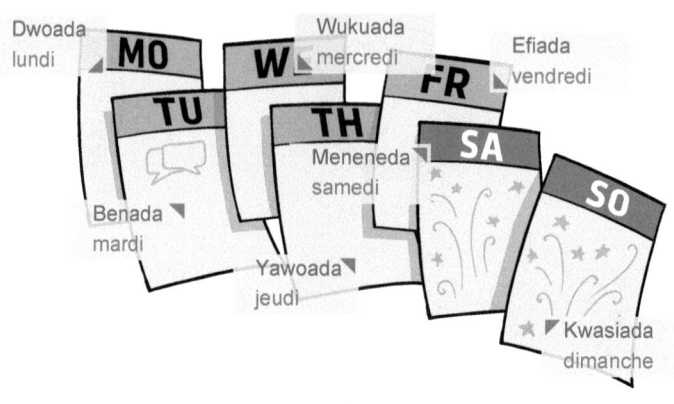

Dwoada / lundi — MO
Benada / mardi — TU
Wukuada / mercredi — W
Yawoada / jeudi — TH
Efiada / vendredi — FR
Meneneda / samedi — SA
Kwasiada / dimanche — SO

ɛnora
hier

ɛnora
aujourd'hui

ɔkyina
demain

anɔpa
matin

prɛmtobrɛ
midi

anwumerɛ
soir

adwuma nna
jours ouvrables

nnawɔtwe awieɛ
week-end

afe
année

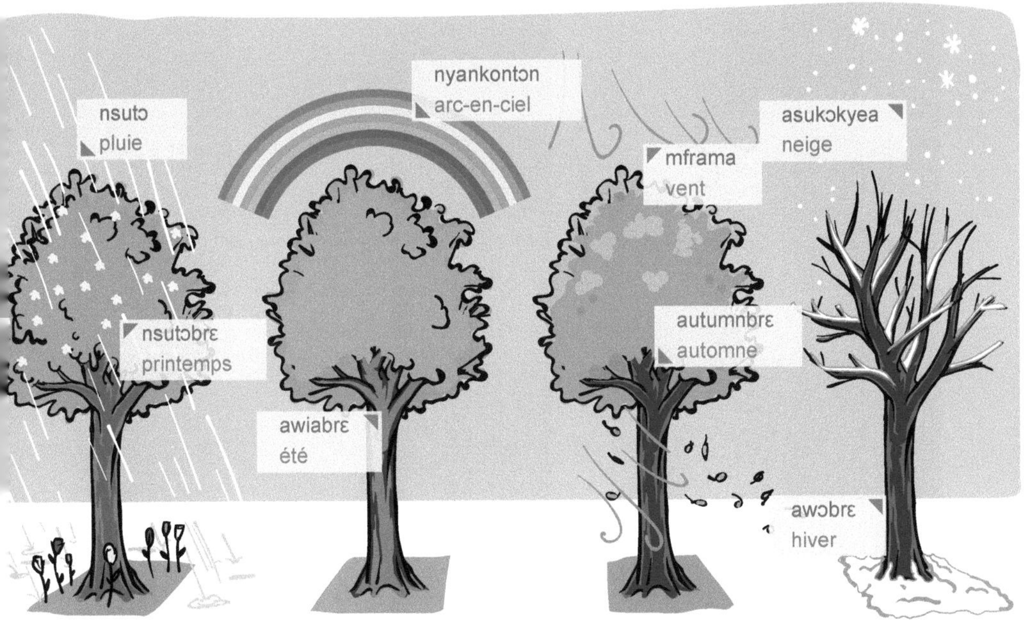

nsutɔ
pluie
nyankontɔn
arc-en-ciel
asukɔkyea
neige
mframa
vent
nsutɔbrɛ
printemps
autumnbrɛ
automne
awiabrɛ
été
awɔbrɛ
hiver

4.APRIL 11°
5.APRIL 4°
6.APRIL 13°
7.APRIL 8°
8.APRIL 10°

ewiem nsakrɛɛɛ
....
météo

F C
120 40
90 30
60 20
30 10
0 0
-30 -10
-20

afidie a esusu ade ho hyeɛ
....
thermomètre

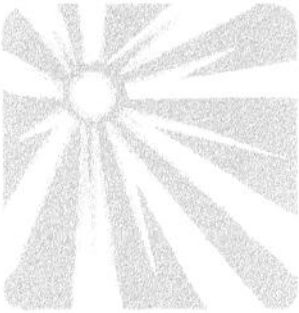

awiabɔ
....
lumière du soleil

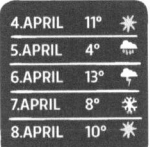

munukum
....
nuage

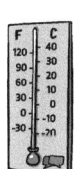

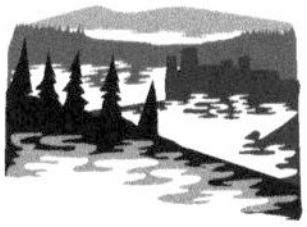

ɛbɔ
....
brouillard

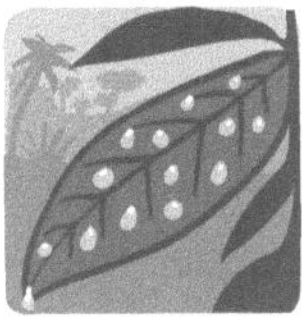

ewiem nsuo
....
humidité

ayerɛmo

foudre

apranaa

tonnerre

ehum

tempête

asukɔkyea

grêle

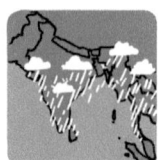

monsoonbrɛ

mousson

nsuyiri

inondation

aise

glace

ɔpɛpɔn

janvier

ɔgyefoɔ

février

ɔbɛnem

mars

Oforisuo

avril

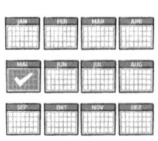

Kotonimaa

mai

Ayɛwohomumu

juin

Kitawonsa

juillet

ɔsanaa

août

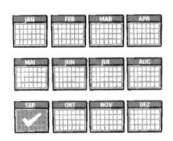

ɛbɔ
septembre

Ahinime
octobre

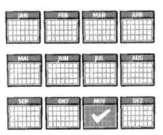

Obubuo
novembre

ɔpɛnimaa
décembre

abosuo
formes

kanko
cercle

sokwɛɛ
carré

rɛktangel
rectangle

triangel
triangle

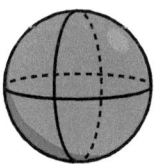

krukruwa
sphère

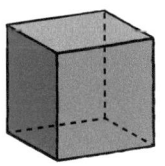

adaka
cube

fitaa

blanc

akokɔ sradeɛ

jaune

ankaa

orange

pink

rose

kɔkɔɔ

rouge

pɛpol

violet

bruu

bleu

ahaban mono

vert

braun

marron

nson

gris

tuntum

noir

pii / ketewa

beaucoup / peu

wo boafu / wɔ adwo

fâché / calme

ɛyɛ fɛ / ɛyɛ tan

joli / laid

ahyɛseɛ / awieɛ

début / fin

kɛseɛ / esua

grand / petit

ɛha / esum

clair / obscure

nuabarima / nuabaa

frère / soeur

ɛho te / ayɛ fin

propre / sale

awie / enwieɛ

complet / incomplet

awia / anadwo

jour / nuit

awu / ɛte ase

mort / vivant

emubae / ɛyɛ tea

large / étroit

yɛde /yɛnni

comestible / incomestible

bɔne / tema

méchant / gentil

wɔ aniagye / wɔ ani nka

excité / ennuyé

ɔso / teatea

gros / mince

edikan / etwatoɔ

premier / dernier

adamfoɔ / atamfo

ami / ennemi

ayɛ mma / hwee nim

plein / vide

ɛdenden / mmerɛ mmerɛ

dur / souple

ɛyɛ duru / ɛyɛ ha

lourd / léger

ɛkɔm / nsukɔm

faim / soif

yareɛ / apomuden

malade / sain

etia mmara / ɛwɔ mmara mu

illégal / légal

nyansa / gyimi

intelligent / stupide

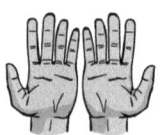

benkum / nifa

gauche / droite

ɛbɛn / akyire

proche / loin

foforɔ / dada

....

nouveau / usé

hwee / biribi

....

rien / quelque chose

wɔ anyini/ ɔsua

....

vieux / jeune

sɔ /dum

....

marche / arrêt

bue / tom

....

ouvert / fermé

dinn / dede

....

faible / fort

ɔdefoɔ / ohia

....

riche / pauvre

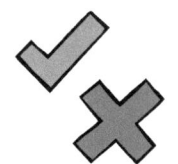

nifa / benkum

....

correct / incorrect

werewerɛwerewerɛ /
trontron

rugueux / lisse

awerɛhoɔ / anigyeɛ

....

triste / heureux

tietia / tenten

....

court / long

nyaa / ntɛm

....

lent / rapide

afɔ / awɔ

....

mouillé / sec

dedɛɛdeɛɛ / adwo

....

chaud / froid

akoo / asomdweɛ

....

guerre / paix

0	**1**	**2**
hwee	baako	mienu
zéro	un / une	deux

3	**4**	**5**
meɛnsa	ɛnan	enum
trois	quatre	cinq

6	**7**	**8**
nsia	nson	nwɔtwe
six	sept	huit

9	**10**	**11**
nkron	edu	du-baako
neuf	dix	onze

12

du-mienu

douze

13

du-meɛnsa

treize

14

du-nan

quatorze

15

du-num

quinze

16

du-nsia

seize

17

de-nson

dix-sept

18

du-nwɔtwe

dix-huit

19

du-nkron

dix-neuf

20

aduonu

vingt

100

ɔha

cent

1.000

apem

mille

1.000.000

ɔpepem

million

Brɔfo

anglais

Amerikafoɔ Brɔfo

anglais américain

Chainfoɔ Mandarin

chinois mandarin

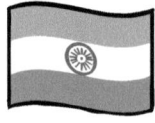

Hindi

hindi

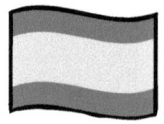

Spainfoɔ kasa

espagnol

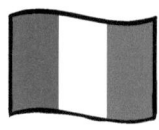

French kasa

français

Arabia kasa

arabe

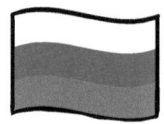

Russianfoɔ kasa

russe

Portugalfoɔ kasa

portugais

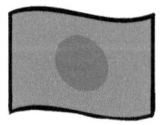

Bengali

bengali

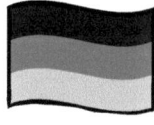

Germanfoɔ kasa

allemand

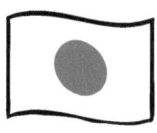

Japanfoɔ kasa

japonais

Me
....
je

wo
....
tu

ono
....
il / elle / ce, c', cela

yɛn
....
nous

wo
....
vous

ɔmmo
....
ils / elles

hwan?
....
Qui ?

deɛ bɛn?
....
Quoi ?

ɛyɛ deɛn?
....
Comment ?

ehen?
....
Où ?

dabɛn?
....
Quand ?

edin
....
nom

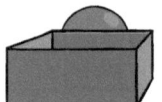

akyire

derrière

emu

dans

anim

devant

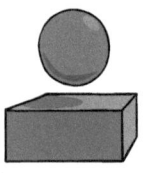

ɛsoro

au-dessus

ɛso

sur

aseɛ

en-dessous

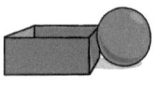

nkyɛn

à côté de

ntɛm

entre

beaɛ

lieu